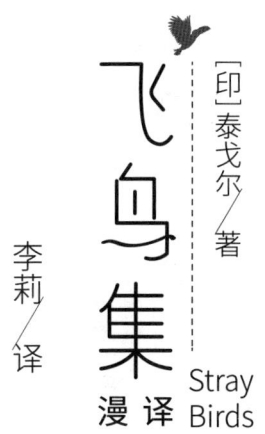

飞鸟集 漫译

Stray Birds

[印]泰戈尔/著

李莉/译

华南理工大学出版社
·广州·

图书在版编目（CIP）数据

飞鸟集漫译：英汉对照 /（印）泰戈尔著；李莉译.
广州：华南理工大学出版社，2025.5. -- ISBN 978-7-
5623-8048-1

Ⅰ.I351.25

中国国家版本馆 CIP 数据核字第 202580SQ18 号

飞鸟集漫译

[印] 泰戈尔 著　李 莉 译

出　版　人：**房俊东**
出版发行：华南理工大学出版社
　　　　　（广州五山华南理工大学 17 号楼，邮编 510640）
　　　　　http://hg.cb.scut.edu.cn　E-mail: scutc13@scut.edu.cn
　　　　　营销部电话：020-87113487　87111048（传真）
责任编辑：吴翠微
责任校对：梁晓艾
印　刷　者：佛山家联印刷有限公司
开　　本：889mm×1194mm　1/32　印张：10.75　字数：215 千
版　　次：2025 年 5 月第 1 版　印次：2025 年 5 月第 1 次印刷
定　　价：58.00 元

版权所有　盗版必究　　印装差错　负责调换

译者序

泰戈尔的《飞鸟集》类属于诗歌，语言简洁、凝练。诗文不仅抒情，同时包含了丰富而深刻的哲理。诗歌大量地使用修辞手法，如明喻、暗喻、借喻等。这些语言特点虽然在一定程度上增加了翻译的难度，但同时，也为译者创造了更多的翻译趣味与阐释空间。

以往《飞鸟集》的译本，大多采用直译的翻译方法。事实上，每一种译本都会带来不同的阅读体验。因为，在翻译实践中，无论哪种译本，必然会与原诗有着或者意义上或者风格上的距离。这种距离也必然会为诗歌的解读带来差异性。有些诗，看似诗文简单，但诗意难解。例如：

Life is given to us,

we earn it by giving it.

我们的生命是天赋的，我们惟有献出生命，才能得到生命。

——郑振铎

从语法和词义的角度，译文是忠实原诗的。从理解的角度，译文所表达的意义相对于原诗而言，似乎在逻辑上存在一定的模糊性。

有些诗，虽诗意简单明了，但诗文平铺直叙，缺少了诗歌的语言美感。例如：

The woodcutter's axe

begged for its handle from the tree.

The tree gave it.

樵夫的斧头，问树要斧柄。

树便给了他。

——郑振铎

砍树的铁斧向树要木头把儿

树给了它

——冯唐

伐木斧曾向大树讨要斧柄。

大树给予了他

——王钦刚

三种译文都采用了中规中矩的直译，忠实地传达了原诗的字面意义。对于普通读者而言，不存在理解方面的障碍。三个译本之间虽有差异，但比较细微。在王钦刚的译文中，增加了"曾"字，译出动词的过去时；冯唐的译文，省略了"伐木工"这个词，但增加了"砍树"这一不可或缺的意义。对于"gave"的翻译，王钦刚采用"给予"，我想，大约是要表达"give"的"馈赠"之意；他用"讨要"来翻译"begged"，概因"beg"有"卑微地乞讨"之意。

读者对这些看似简单的诗歌语句，有的产生意义理解方面的困难，有的对诗歌语言的审美产生争议。

在翻译这首诗的时候，首先要思考动词过去时的意义；其次是限定词："woodcutter"是名词，做所属定语，限定了"axe"的功用；再者是词义："begged"的英文涵义不同于一般表达"要求"的词语，它含有"谦卑地、急迫地、不停地、无偿地乞求或讨要"之意；最后，诗歌的隐喻意义也需要在译文中有一定程度的体现。综合原诗的各项语言元素，我用自由体诗歌的语言形式再译了原诗：

斧头

恳求

树的恩惠

给它一把

斧柄

让

伐木工

更畅快地

挥舞着

绝情与无愧

树的慷慨

被砍碎

木屑的泪

斧柄的罪

怎样的回馈

译文中，"恳求""恩惠"对应"begged"一词的意义；"绝情与无愧"是对动词过去时的解读，体现"斧头"过去与现在对"树"的行为反差；"慷慨"是整合了"begged"和"gave"两词的翻译；"泪""罪"和"回馈"是对这首诗隐喻意义的创作性翻译。

《飞鸟集》的艺术魅力，不仅在于诗歌蕴含的丰富内涵，更体现在它凝练的语言风格，极具张力的想象空间以及情、景、志三位一体的隐喻模式。

为了尽可能实现相似程度的修辞与表达，本译文采用直译与意译等多种翻译方法，发挥中文语言的特点，用诗歌文体对原诗进行阐释性翻译，以期能将原诗的意境传达一二。译文致力于进一步探索《飞鸟集》的思想内涵，并充分展示中文语言的魅力，为读者增加一个新的诗歌鉴赏维度。

诗歌的创作需要诗性与灵感，往往一蹴而就。但翻译，需要阐释与创作并行并重，故而很难一蹴而就。有时，翻译某一首，我用三个小时润色；而翻译另外一首，需要反复斟酌很多天。其间，苦乐相随。理解力、想象力和语言能力不断受到挑战，而我，却像愚公一样乐此不疲。

今天，我想把这本《飞鸟集漫译》分享给所有热爱诗歌的读者。如能引发读者的一点点感悟，或一点点共鸣，我将不胜欢喜。希望它能对文学爱好者重新认识和解读泰戈尔的诗歌，起到抛砖引玉的作用。

翻译行为，与自由创作不同，它涉及两个作者。因此，相对于原创作品，译作的审校工作具有双重的压力。故而在此，我必须要感谢华南理工大学出版社的编辑。他们对译稿逐字逐句、细致入微地进行了校审，提出了大量宝贵的意见。

致敬泰戈尔。他深邃的文字与温暖的诗情，穿越时空，仍然启迪着我们的人生。

感恩生命中所有的相遇、相伴和相惜。茫茫人海，你们是我的记忆，永在我心。

李莉

2024 年 12 月

广州

《飞鸟集漫译》326首 /1

译后记 /330

《飞鸟集漫译》
326 首

——1——

Stray birds of summer
come to my window
to sing and fly away.
And yellow leaves of autumn,
which have no songs,
flutter and fall there
with a sigh.

——·——

夏日
窗前
离群的鸟
一声声
婉转飞远
秋日
寂静
枯黄的叶
一片片
飘着哀叹
无声落下

——2——

O Troupe of little vagrants
of the world,
leave your footprints
in my words.

——·——

哎

可怜的人

你们

在

居无定所的

生命里

漂泊

就让

我的文字

记下

你们

流浪的

足迹吧

——3——

The world puts off its mask of vastness
to its lover.
It becomes small as one song,
as one kiss of the eternal.

—— · ——

世界
在爱人面前
卸下
广袤的面具
化身
一首
短小的歌
一个
香甜的吻
献给
永恒

——4——

It is the tears
of the earth
that keep her smiles
in bloom.

——·——

若无
土地滋养
何有
花儿芳香
没有
流过泪的
双眼
如何
绽放
动人的
笑脸

——5——

The mighty desert
is burning
for the love of
a blade of grass
who shakes her head
and laughs
and flies away.

——·——

浩渺的
沙漠
爱上
一片小草
他
热烈地
燃烧
她
无奈地拒绝
轻轻地笑
无根的
草
只能
随风
飘摇

— 6 —

If you shed tears
when you miss the sun,
you also miss the stars.

— · —

若

因为

错过了

太阳

而

追悔

流泪

也

终将

错过

与你擦肩的

漫天

星辰

―― 7 ――

The sands in your way
beg for your song
and your movement,
dancing water.
Will you carry the burden
of their lameness?

—— · ——

我是沙
你是水
期盼
你的淙淙
渴望
你的舞动
我这
沉笨的
灵魂
你
是否
愿意负重

―8―
Her wistful face
haunts my dreams
like the rain
at night.
――·――

夜雨
春梦
她的脸
她的思念
溢满
我的
梦魇
如雨
缠绵了
一夜

―― 9 ――

Once we dreamt
that we were
strangers.
We wake up
to find
that we were
dear to each other.

―― · ――

曾经
那些
如梦般
恍惚的
时光
你我
多想
陌路一样
无情无伤
而今
梦过一场
方觉
彼时的我们
爱得
最浓重
最断肠

——10——
Sorrow is hushed into
peace in my heart
like the evening
among the silent trees.
—— · ——

伤了的
我的心
已然
抚平
宛如
夜
笼罩着
树木
无声
无形

—— 11 ——
Some unseen fingers,
like an idle breeze,
are playing
upon my heart
the music of the ripples.
—— · ——

黑的夜
谁的指尖
拨弄
我的心弦
似
撩动的风
掀起
声声涌动
涟漪翩翩

——12——
"What language is thine,
O sea?"
"The language
of eternal question."
"What language is thy answer,
O sky?"
"The language
of eternal silence."
——·——

大海
你用
躁动
和
咆哮
永不停歇地
问
天空
你用
高远
和
静谧
无声地
回应

——13——

Listen,
my heart,
to the whispers of the world
with which
it makes love to you.

——·——

用心
聆听吧
这世界的
浅唱
和
低吟
这是
爱
这是
表白

——14——

The mystery of creation
is like the darkness of night
— it is great.
Delusions of knowledge
are like the fog of the morning.

—— · ——

天地的
神奇
万物的
谜题
如
暗黑的
夜
无边无际
所知所识
不过是
错觉
与
虚妄
似
氤氲的
晨雾
阻断
真理的
光

———15———

Do not seat your love
upon a precipice
because it is high.

——·——

悬崖上的

在

别人的

仰望中

绝美

绝尘

可知

它却

最是令人

绝望

绝情

——16——

I sit at my window
this morning
where the world like
a passer-by
stops for a moment,
nods to me
and goes.

—— · ——

清晨
世界
行色匆匆
途经
我
凝望的
窗前
来不及问候
微微地点头
便
走出
我的视野
无语凝噎

———17———
These little thoughts are
the rustle of leaves;
they have their whisper of joy
in my mind.
——·——

这些
微妙的
思绪
可爱
如许
如
沙沙的
树叶
在
我的头脑里
欢喜
低语

——18——
What you are
you do not see,
what you see is
your shadow.
—— · ——

你的存在
对你
依然是
谜
如此
清晰的
不过是
你的影像
一览无余

—19—

My wishes are fools,
they shout across thy songs,
my Master.
Let me but listen.

—·—

天何
随人愿
只笑
我痴颠
如何
让
一颗
不满足的心
不再
无知地
叫嚣
而在
您的颂歌中
只
静静地
聆听

—— 20 ——
I cannot choose the best.
The best chooses me.
—— · ——

世间
焉有极致
等待
我的垂青
回眸
顾看身处
胜却
人间无数

——21——

They throw their shadows
before them
who carry their lantern
on their back.

—— · ——

灯笼
本应
照亮前路
让脚步
更坚定
他们
却
将它
提在身后
让
每一步
在自己的
暗影中
战战兢兢

—— 22 ——

That I exist is
a perpetual surprise
which is life.

—— · ——

生命
是
一季一季的
惊喜
无穷无尽
我
于世间
是
一段一段的
回忆
刻骨铭心

―― 23 ――
"We, the rustling leaves,
have a voice
that answers the storms,
but who are you so silent?"
"I am a mere flower."
―― · ――

风雨如虹
叶纷纷
群歌共舞
飒飒声
摇曳着
回应着
花茕茕
孤芳无声
默默地
绽放在
风雨中

—— 24 ——
Rest belongs to the work
as the eyelids to the eyes.
—— · ——

安睡
是为了
抚慰
劳作的
疲惫
如
眼睑的
闭垂
是为了
消减
眼睛的
劳累

―― 25 ――
Man is a born child,
his power is
the power of growth.
―― · ――

天穹浩渺
大地苍茫
人类
不过是
初生的
婴孩
却是
拥有力量的
存在
以
孜孜
探索之能
源源
成长之力
立于天地
不朽

―― 26 ――

God expects answers
for the flowers
he sends us,
not for the sun
and the earth.

―― · ――

太阳
土地
不是
造物主
最得意的
礼物
他
希冀
我们
对花朵的
美丽
这
生命的
奇迹
倍加珍惜

―――27―――
The light that plays,
like a naked child,
among the green leaves
happily knows not
that man can lie.
――・――

欢快的
光
追逐着
绿叶的
嬉戏
像
顽皮的
孩子
赤身裸体
全然不懂
人类
为何
用谎言
遮掩
与
蒙蔽

—— 28 ——
O Beauty,
find thyself in love,
not in the flattery
of thy mirror.
—— · ——

镜子的
阿谀
只为
肤浅的
亮丽
真正的美
藏在
爱的眼波里
埋在
心的深海底
即使没有
华裳珠玑
你的美
依然
无人能及

—29—
My heart beats her waves
at the shore of the world
and writes upon it
her signature
in tears
with the words,
"I love thee."
——·——

我的心
似
岸边的浪
在
有你的世界里
潮起潮落
含泪
写下
爱的誓言
你的名字
在心海里
在涌动中
是一团
不灭的
火焰

—— 30 ——
"Moon,
for what do you wait?"
"To salute the sun
for whom I must
make way."
—— · ——

月徘徊
等待
与
太阳
霎那的
交会
向它
致敬
为它
把
清辉
隐退
默默注目
静静守卫

―― 31 ――
The trees come up to my window
like the yearning voice
of the dumb earth.
―― · ――

树的力量
向上
向上
终于
来到
我的窗
倾诉着
根的
梦想
和
土地
无声的
向往

——32——
His own mornings
are new surprises to God.
——·——

上帝
掀开
夜的神秘
打开
光的羽翼
每个清晨
对他
都是
谜一样的
惊喜

―――33―――
Life finds its wealth
by the claims of the world,
and its worth
by the claims of love.
――・――

生命
因
拥有世界
而
富有
因
拥有爱
而
珍贵

34

The dry river-bed
finds no thanks
for its past.

——·——

我是
你的床
托起过
你的身躯
和
梦想
你曾
尽情地徜徉
望着
海的方向
如今
我已干涸
却不见你
为我泪淌
为我心伤

——35——
The bird wishes
it were a cloud.
The cloud wishes
it were a bird.
—— · ——

鸟
向往着
云的
悠然
与
飘荡
云
幻想着
鸟的
翅膀
与
飞翔
梦
永远
在他乡

——36——

The waterfall sings,
"I find my song,
when I find my freedom."
—— · ——

瀑布
在
悬崖
启航
放飞
自由
与
梦想
生命之歌
才
如此
奔放
和
嘹亮

———37———

I cannot tell
why this heart languishes
in silence.
It is for small needs
it never asks, or knows or remembers.

——·——

刻意隐藏的
莫可名状的
早已遗忘的
究竟
是什么
如此
微不足道
而我
孜孜以求
到底
是什么
让
这颗心
关上门窗
默默地
伤

—38—
Woman,
when you move about
in your household service
your limbs sing
like a hill stream
among its pebbles.
—·—

家
是
女人的
舞台
灵动的腿
踏着节拍
舞动的臂
奏出
天籁的歌
如清泉
在石上
汩汩
流过

── 39 ──

The sun goes to cross
the Western sea,
leaving its last salutation
to the East.

── · ──

太阳
一路向西
要去
跨越
生命中的
海
留给东方
这片土地
最后的
致意

—40—

Do not blame your food because you have no appetite.

—·—

己不欲
并非
食不香
所有的理由
不过是
为了
掩盖真实
隐藏欲望

——41——

The trees,
like the longings of the earth,
stand a tiptoe
to peep at the heaven.

——·——

这些树

拼命地长

似乎

肩负着

土地

深深的期望

踮着脚尖

想要窥到

天国的

模样

―― 42 ――
You smiled and talked to me of nothing
and I felt that for this
I had been waiting long.
―― · ――

你
浅笑
微谈
无关痛痒
而我
无比欢喜
雀跃不已
为这一刻
我
不曾停过
等待
与
期许

——43——

The fish in the water is silent,
the animal on the earth is noisy,
the bird in the air is singing.
But Man has in him
the silence of the sea,
the noise of the earth
and the music of the air.

—·—

鱼在水里
默默地
无声无息
兽在地上
躁动着
吵吵嚷嚷
鸟在空中
嘤嘤地
婉转鸣唱
人
却可以
沉默如海
喧嚣如世态
高歌如天籁

——44——

The world rushes on
over the strings of the lingering heart
making the music of sadness.

——·——

时光的脚步啊
请慢些吧
你
如此匆匆地
踏着
我的不舍
与
离殇
一曲曲
惆怅
在心弦上
回响

———45———
He has made his weapons
his gods.
When his weapons win
he is defeated himself.
——·——

他的利器
透出
无情的锋芒
发出
神的冷光
他
赢在战场
输在心房
生命的挽歌
唱响
灵魂
在疗伤

——46——
God finds himself
by creating.
——·——

造物的
乐趣
为神
带来启迪
创造的
价值
决定
生命的
意义

——47——

Shadow,
with her veil drawn,
follows Light in secret meekness,
with her silent steps of love.

——·——

暗影楚楚
戴着面纱
在光芒背后
步履轻移
它总是
无声无息
悄悄温柔
静静欢喜
影
随
光
不离不弃

——48——

The stars are not afraid to appear like fireflies.

——·——

星的光
穿越
夜空茫茫
却似
萤火虫一样
微微地亮
它们
从不担心
永不失望
自信的
灵魂
无畏
他者的
眼光

——49——
I thank thee
that I am none of the wheels of
power but I am one with the living creatures
that are crushed by it.
—— · ——

感谢上帝
我不是
权力的爪牙
我不做
横行的轮器
我与
被碾压的生命
在一起
站在
善良的土地
带着
活着的印迹
勇敢地
挺立

—50—

The mind,
sharp but not broad,
sticks at every point
but does not move.

——·——

心
若
上了锁
难以广博
无法宽阔
思
若
太深刻
人生一路
点点执着
离不开过往
脚步
便
走不出未来
许多风景
只能
遗憾错过

——51——
You idol is shattered in the dust
to prove that
God's dust is greater than your idol.
—— · ——

神像的
泥身
落为
一地灰尘
上帝
化土归真
你的崇拜
不在
具象
在
你的灵魂
穿行

——52——

Man does not reveal himself in his history, he struggles up through it.

——·——

历史的光芒
在
时间的长廊
终将
消亡
人类的辉煌
在于
突破过往
努力书写
新的篇章

―――53―――
While the glass lamp
rebukes the earthen for calling it cousin,
the moon rises,
and the glass lamp,
with a bland smile, calls her,—
"My dear, dear sister."
――― · ―――

玻璃灯
指责陶灯
不该
自称表亲
却
对着明月
谄媚
你才是我
最最亲爱的
姐妹
威颜换笑脸
怒目化卑微
无视同类
攀权附贵
玻璃灯的
虚伪
玻璃心的
悲哀

―― 54 ――

Like the meeting of
the seagulls and the waves
we meet and come near.
The seagulls fly off,
the waves roll away
and we depart.

―― · ――

浪与鸥
在海面
相遇
海鸥飞走
海浪远去
我与你
两条轨迹
你
难舍天空
我
眷恋大地
注定
瞬间相近
便
匆匆
相去相离

―――55―――
My day is done,
and I am like a boat
drawn on the beach,
listening to the dance-music of the tide
in the evening.
――・――

这一天
终于
拉下了
夜幕
我
像一只船
在岸边
搁浅
听
夜晚的潮汐
演奏
缠绵的舞曲

—56—

Life is given to us,
we earn it by giving it.

— · —

生命
是
一份
神圣的
馈赠
当
我们用它
奉献于
别人
我们才算
活过
并
拥有
这一生

——57——

We come nearest to the great
when we are great in humility.

—— · ——

如果没有
谦逊的灵魂
我们的成就
如
过眼烟云
只有带着
敬畏的心
方能
向
永恒
靠近

―― 58 ――

The sparrow is sorry for the peacock at the burden of its tail.

―― · ――

小小麻雀

为

孔雀的羽毛

遗憾

如此沉重

如何飞得高？

不是只有飞翔

才是

唯一的梦想

孔雀的华丽

麻雀

又

怎能奢望？

——59——

Never be afraid of the moments
— thus sings the voice
of the everlasting.

—— · ——

永恒的真理
在高歌
告诉你
一切短暂
皆无所惧
变化的
是
瞬间的情绪
不变的
是
最终的结局

―― 60 ――
The hurricane seeks the shortest road
by the no-road,
and suddenly ends its search
in the Nowhere.
―― · ――

飓风的追逐
是劫数
卷着
急切的脚步
如此
慌不择路
所到之处
一片荒芜
它
嘎然地结束
让一切
尘归尘
土归土
浑然不知
身在何处

——61——

Take my wine in my own cup, friend.
It loses its wreath of foam when poured into that of others.

—·—

朋友
酒的味道
无论苦涩
甘醇
我要用
自己的杯子
去盛
那迷人的泡沫
只在
我的杯口
停留
他人
如何明了
如何享受

―― 62 ――

The Perfect decks itself in beauty
for the love of the Imperfect.

―― · ――

被缺憾
爱上
即使完美
也要
装扮
爱的光环
让人
自惭形秽
拼命掩盖
为了让爱
别太快
离开

——63——

God says to man,

"I heal you therefore I hurt, love you therefore punish."

——·——

为了
让生命
丰满而高尚
上帝
对人类
语重心长
我要
伤你
为了
治愈
你的心
我要
罚你
为了
让错误
远离
一切
只缘于
我
爱你

—— 64 ——

Thank the flame for its light,
but do not forget the lamp-holder
standing in the shade
with constancy of patience.

—— · ——

烛火
因为带来
光明
而
备受感激
但
请记住
烛台
在暗影里
坚定无比地
站立
让烛火不熄
它
从不懈怠
从不言弃

—65—

Tiny grass,
your steps are small,
but you possess the earth
under your tread.

—·—

渺小的身躯
细碎的步履
却
胸怀大地
无所畏惧
小小的草
让每一寸土地
葱葱郁郁
从不停止
演绎
生命的奇迹

── 66 ──

The infant flower opens its bud and cries,

"Dear World, please do not fade."

── · ──

花儿初开
舒展蓓蕾
投入
世界的怀
它
探出脑袋
啊
你的怀
美妙而精彩
我
不愿你凋败
不要你离开

―――67―――
God grows weary of great kingdoms,
but never of little flowers.
――·――

神的心里
厌倦了
王国的
伟大
与
荣光
神的眼里
魅力永恒的
是
花儿的
娇小
与
艳丽

—— 68 ——
Wrong cannot afford defeat
but Right can.
—— · ——

一次挫败
便将
谬误
砸得粉碎
而
真理
即使
百炼千锤
亦
坚不可摧

―――69―――

"I give my whole water in joy,"
sings the waterfall,
"though little of it is enough
for the thirsty."

――― · ―――

瀑布的水
只需一点
便可滋润
干涸的土地
消解
干渴的躯体
瀑布
却
尽情地
倾泻着
慷慨
瀑布的歌
唱着
欢乐
与
情怀

——70——

Where is the fountain
that throws up these flowers
in a ceaseless outbreak of ecstasy?

——·——

是谁
如此忘我
而
执着地
向大地
献礼
在狂欢中
挥洒
漫山遍野的
美丽
哪汪泉水
是
花儿的生命
哪一片海
藏着
花儿
一季一季的
轮回

―――71―――

The woodcutter's axe
begged for its handle from the tree.
The tree gave it.

――・――

斧头
恳求
树的恩惠
给它一把
斧柄
让
伐木工
更畅快地
挥舞着
绝情与无愧
树的慷慨
被砍碎
木屑的泪
斧柄的罪
怎样的回馈

——72——

In my solitude of heart
I feel the sigh of this widowed evening
veiled with mist and rain.

——·——

爱人

与我永诀

这

难眠的夜

雨幕

挡不住痛楚

薄雾

遮不住思念

我的心

半生孤寂

一片荒芜

——73——

Chastity is wealth
that comes from abundance of love.

——·——

装满爱的

心灵

只对

一个人

欢喜

只为

一个人

守身如玉

这样的爱

坚定而纯粹

比

任何财富

都

珍贵

—— 74 ——

The mist,
like love,
plays upon the heart of the hills
and brings out surprises of beauty.

—— · ——

山雾缭绕
拨弄着山峰
刻意的骄傲
如
爱
在指尖的
温柔
山的心头
绽放出
诗一样的
惊喜
画一般的
美好

——75——

We read the world wrong
and say that it deceives us.

——·——

我们

大声地

质问

世界

为何多变

为何欺骗

是我们

未将人间尝遍

不懂

尘世的劫

才有误解

才会埋怨

——76——
The poet wind is out
over the sea and the forest
to seek his own voice.
—— · ——

风的手心
牵着
诗人的衣襟
跨过海洋
穿过森林
一路风尘
一路艰辛
寻觅着
属于自己的
声音

——77——
Every child comes with the message
that God is not yet discouraged of man.
—— · ——

每个生命的
降临
带着
上帝的讯息
刻着
神的坚定
依然相信
善与美
在传承
爱
与人类
同行

——78——

The grass seeks her crowd in the earth.
The tree seeks his solitude of the sky.

—— · ——

树的目标
高空
超群
他
独自优秀
随风舞蹈
草的追求
平地
热闹
她
不变的高度
平行的视角
如何明了
孤独的
美妙

―― 79 ――

Man barricades against himself.

―― · ――

国
有了边界
城
围起了墙
门
上了锁
窗
装了网
心
设了防
似人人
隐藏着邪恶
假意的善良
终究是
厚厚的包装
护着
受不起的伤
裹着
狭小的气场
与
肚量

——80——
Your voice, my friend,
wanders in my heart,
like the muffled sound of the sea
among these listening pines.
——·——

朋友
你的声音
迷失在
我的心里
难以寻觅
如这
海的涛声
被松林
屏蔽
仔细地听
隐约
模糊
不再清晰

—— 81 ——
What is this unseen flame of darkness
whose sparks are the stars?
—— · ——

这漫天的星
是
谁的火花
飞溅
燃烧着
夜的黑
笼罩着
我的心扉
在看不见的
烈焰里
流着
炙热的泪

——82——
Let life be beautiful
like summer flowers
and death
like autumn leaves.
——·——

生命
绽放在
盛夏
如
妩媚的花
把
艳丽和绚烂
尽情挥洒
生命
离开在
深秋
如
凋零的叶
带着
凄美与离情
萧萧落下

——83——
He who wants to do good
knocks at the gate;
he who loves
finds the gate open.
——·——

只想
表现善意的
人
徘徊在
心门外
轻轻地敲
迟疑地退
距离是智慧
爱我的人
他
不会犹豫
无需对白
直接走进
不曾上锁的
心扉
拥抱伤痛
抚慰心碎

——84——

In death
the many becomes one;
in life
the one becomes many.
Religion will be one
when God is dead.

——·——

死亡的坟
埋葬众相众生
抹去一切
世间的痕
将所有清空
魂归凡尘
生命的根
幻化异彩缤纷
孕育一切可能
变成
人间无数春
信仰的魂
若没有
神的生命
宗教
便只剩
一扇门
如何安放
这尘世
千千万万颗
孤独的心

—— 85 ——

The artist is the lover of Nature;
therefore
he is her slave and her master.

—— · ——

艺术家的爱
给了山
给了水
给了造物的
纯粹与绝美
艺术家的心
为她
主宰
为她
鞠躬尽瘁
艺术家的手
握着自由
把这
爱的精髓
雕绘成
不朽的
历史与未来

—86—

"How far are you from me,
O Fruit?"
"I am hidden in your heart,
O Flower."

—·—

你在哪里
遥不可及
相逢无期
花儿
在问
在等
我就藏在
你心底
一直守候
从未远离
果儿
听着
应着

——87——

This longing is for the one who is felt in the dark, but not seen in the sky.

——·——

思念
只为一个人
飘渺
朗朗晴空
却
看不到
你的发梢和眼角
黑暗中
你的心跳和味道
在我心中
燃烧
何处
能把你
拥抱

——88——

"You are the big drop of dew
under the lotus leaf,
I am the smaller one
on its upper side,"
said the dewdrop to the lake.

—— · ——

荷叶上的视野
决定了
露珠的世界
和
对湖的误解
它不懂
荷叶下的境界
以为
不过是
大与小的
区别

―89―

The scabbard is content to be dull
when it protects the keenness
of the sword.

――・――

剑

锋利无敌

所向披靡

是鞘

在为它

遮风挡雨

即使

不具锐气

依然

淡定坚毅

鞘的心里

满是欢喜

——90——
In darkness
the One appears as uniform;
in the light
the One appears as manifold.
——·——

艳阳下
千般芳华
万种风情
苍生如画
暗夜里
无色无息
万物沉寂
天地如一
造化的手法
似真似假
无我无他

—— 91 ——
The great earth
makes herself hospitable
with the help of the grass.
—— · ——

绿草
为大地
披上青衣
处处焕然
霓裳一袭
尽显
盛情无敌
天下生灵
尽享礼遇

——92——

The birth and death of the leaves are the rapid whirls of the eddy whose wider circles move slowly among stars.

——·——

叶枯叶落
季节在更替
生命的轮回
在转瞬间
又见
叶绿
星转星移
宇宙在迁徙
漫长的轨迹
难以摆脱
永恒的引力
一圈一圈
死生
亦
有期

———93———

Power said to the world,
"You are mine."
The world kept it prisoner
on her throne.
Love said to the world,
"I am thine."
The world gave it the freedom
of her house.

权力
站在世界的
巅峰
征服
是使命
是荣耀
也是囚牢
守着王权
孤独终老
爱
失去自我
甘愿
为他者
俘获
得到的
只是
屋檐下的
自由
欲望的终点
是
画地为牢

—— 94 ——

The mist is like the earth's desire.
It hides the sun
for whom she cries.

—— · ——

雨雾
如欲望
挡住
大地的视线
看不见
艳阳的天
她的心
没有停止
哭泣和思念
她的眼前
依然
迷蒙一片

——95——
Be still,
my heart,
these great trees are prayers.
—— · ——

这些树
是
祈祷的
圣徒
高耸着
永恒的
沉默
与
安宁
我的心
在靠近
愿
从此
波澜不惊

——96——

The noise of the moment scoffs at
the music of the Eternal.

———·———

神的乐曲
此刻
在
人群的
喧闹里
像小丑
被
嘲笑声
淹没
灵魂
难抵
俗世的
诱惑

——97——

I think of other ages that floated upon
the stream of life and love and death
and are forgotten,
and I feel the freedom of passing away.

———·———

我想起
那些
时代的印迹
漂浮着
生与死
爱与恨的
记忆
如流水般
已然逝去
我感到
被遗忘
是
自由的序曲
我将
唱着歌
离去

——98——

The sadness of my soul
is her bride's veil.
It waits to be lifted
in the night.

——·——

灵魂的新娘
戴着面纱
那是
我的忧伤
等到
夜色茫茫
轻轻地掀开
我便
与苦涩同床
在惆怅中
徜徉

—99—

Death's stamp
gives value to the coin of life;
making it possible to buy with life
what is truly precious.

—·—

寄给生命的
快件
贴上了
死亡的邮签
标了价的人生
成了
攥在手里的
钱币
只能买到
最珍贵的
东西
如此短暂的
一生
怎么可能
买得起
所有的
荒废与空虚

——100——
The cloud stood humbly
in a corner of the sky.
The morning crowned it
with splendour.
—— · ——

无边的天际
云
只站在
一个小小的
角落里
卑微的样子
却
不散不离
黎明的曙光
为它
戴上王冠
披上华衣
云
无比
光彩艳丽

―――101―――
The dust receives insult
and in return
offers her flowers.
――― · ―――

泥土
备受
伤害与凌辱
默默承受
静静救赎
用自己的
花团锦簇
回馈
这世界
给它的
无助与苦楚

— 102 —

Do not linger to gather flowers
to keep them,
but walk on,
for flowers will keep themselves
blooming all your way.

— · —

别为了占有

逗留

摘下

一时的绽放

失去

一世的芬芳

花的生命

不是

一季的盛开

一路上

它们的美

年年岁岁

如约而在

——103——

Roots are the branches
down in the earth.
Branches are roots
in the air.

—— · ——

树枝
是根
在风中
飞扬
树根
是枝
在土里
安详
根与枝
向下或向上
都是
树
生长的
模样

—104—

The music of the far-away summer
flutters around the Autumn
seeking its former nest.

—·—

夏的乐音

是

蝉翼

绕着

秋的无声

振翅啼鸣

追忆

远去的光阴

找寻

巢里的

安宁

与

温情

——105——

Do not insult your friend
by lending him merits
from your own pocket.

——·——

别掏出
你
揣在口袋里的
荣耀与功绩
会
遮住
朋友的情谊
阻隔
心的距离
真的友情
不因
你的光芒
平添
深厚与高尚

——106——

The touch of the nameless days
clings to my heart
like mosses round the old tree.

—— · ——

年老的树

为青苔所覆

如

我的心

装满

无言的苦

走不出

思念的屋

唉

那些

往昔的荣枯

那些

岁月的感悟

―――107―――
The echo mocks her origin to prove she is the original.
――― · ―――

回音
一遍遍
在空中
鸣响
反复演绎着
对原声的
模仿
努力证明
自己是
声音的
原创

———108———

God is ashamed
when the prosperous boasts of
His special favour.
——— · ———

富有者
在炫耀
他们的成功
是上帝的
青睐与眷顾
上帝
在为难
不忍揭穿
物的丰富
并非
命运使然
不过是
太多的
粉饰与装扮
遮住了
愚者的眼

―109―

I cast my own shadow
upon my path,
because I have a lamp
that has not been lighted.

―・―

黑暗中
我在前行
路上
是我的
暗影
看不清
脚下的路
前方的风景
可我
无畏无惧
因为
有一盏灯
在我手中
等待
它的光
被开启的
一瞬

——110——

Man goes into the noisy crowd
to drown his own clamour of silence.

——·——

一颗
呼唤沉寂的
心
却
走进人群
为了
淹没
自己
渴望安宁的
灵魂
在一浪一浪的
喧嚣中
听不见
自己的
声
与
心

―111―

That which ends in exhaustion is death,
but the perfect ending is in the endless.

――·――

生命
于
枯竭时
最终的结局
便是
死亡
完美的收场
却是
在
不朽中
生命
发出
永恒的光

太阳
只那
一袭长袍
简单的
光芒万丈
便
温暖众生
滋养万物
云朵们
却被
装扮得
华美异常
只在
天空的T台上
盛装登场
轻舞飞扬

The sun has his simple robe of light.
The clouds are decked with gorgeousness.

―――113―――

The hills are like shouts of children
who raise their arms,
trying to catch stars.

――・――

暮夜
星璀璨
山巍峨
如孩子的叫喊
高举手臂
伸直指尖
渴盼
将星辰
摘看
要如何
让距离缩短
叫守望无憾

—114—
The road is lonely
in its crowd
for it is not loved.
—·—

人群
在路上
行走
欢呼
却
没有人
低头
驻足
路的孤独
只为一份
默默付出
却
不被爱的
苦楚

—115—

The power that boasts of its mischiefs
is laughed at
by the yellow leaves that fall,
and clouds that pass by.

—·—

云卷云舒
叶绿叶黄
它们
嘴角微翘
看
权势在夸耀
滑稽可笑
如何的嚣张
怎样的跋扈
终究
如
浮云过眼
枯叶飘落
这世界
没有永远

——116——

The earth hums to me today in the sun,
like a woman at her spinning,
some ballad of the ancient time
in a forgotten tongue.

——·——

古老的歌谣
唱着
被遗忘的
话语
似曾相识
却难寻觅
那是
织布机的梦里
女人的回忆
是
艳阳下的土地
带着历史的痕迹
对
今天的我
哼鸣

——117——

The grass-blade is worthy of the great world where it grows.

——·——

即使渺小
如
一叶小草
也
知晓
用绿意
回报大地
温暖的怀抱
它
努力生长的
骄傲
值得
这世界
所有的
美好

——118——
Dream is a wife
who must talk,
Sleep is a husband
who silently suffers.
—— · ——

心
已沉睡
却
无言地
忍受
梦的纠缠
如
妻子的哀怨
在
丈夫的缄默中
不停不歇
夜
无边
梦
不绝

―――119―――

The night kisses the fading day
whispering to his ear,
"I am death, your mother.
I am to give you fresh birth."

―――·―――

浓黑的夜
褪去
白昼的衣衫
光与影的吻别
带着
死亡的气息
听
夜
在耳畔
低语
似
母亲的梦呓
我的孩子
我要为你
孕育
新一天的
鲜活
与
美丽

I feel thy beauty,
dark night,
like that of the loved woman
when she has put out the lamp.

——·——

黑暗
遮住了
我的双眼
但
夜啊
我依然
感到
你很美
宛如
沐浴爱河的
女人
熄了灯
依然
妩媚动人

——121——
I carry in my world
that flourishes the worlds
that have failed.
—— · ——

我的世界
即使
装着
这世上
曾经
所有的
衰败
与
凋亡
依然
一片
生机
盎然

——122——

Dear friend,
I feel the silence
of your great thoughts
of many a deepening eventide
on this beach
when I listen to these waves.

—— · ——

暮色渐浓的
黄昏
多少次
也在
这片沙滩
也是
这些海浪
我聆听着
它们的涌动
感受着
你
我的朋友
藏在
沉默里
无比深邃的
智慧

——123——
The bird thinks
it is an act of kindness
to give the fish a lift
in the air.
—— · ——

鱼儿
在飞翔
带着
绝望
鸟儿
得意洋洋
却
自诩善良
天空
与
海洋
谁愿离开
自己的
天堂

—124—

"In the moon
thou sendest thy love letters to me,"
said the night to the sun,
"I leave my answer in tears
upon the grass."

——·——

爱的信笺
写满月光
照亮我
黑暗的
躯壳
我的太阳
明天
你会看到
清晨的
草地里
叶尖上
洒满
爱的泪滴
那是
我
写下的
回答

—125—

The Great is a born child;
when he dies
he gives his great childhood
to the world.

—·—

凡伟者
皆如
孩童
破坏之本能
创造之天性
身后
尘世中
无论繁华
抑或衰败
不过是
他们
童真之影
游戏之痕

——126——

Not hammer-strokes,
but dance of the water
sings the pebbles
into perfection.

——·——

卵石的圆滑
并非
重锤的击打
而是
流水的芳华
围绕着它
在舞动中
在歌声里
蜕变得
无瑕

花丛里
蜜蜂们
忙碌着
采吸花蜜
离开时
它们
嗡嗡嗡
不断哼着
对花儿的
谢意
而
蝴蝶
一身
艳俗的外衣
却自信
花儿们
应该
对他
充满感激

——127——
Bees sip honey from flowers
and hum their thanks when they leave.
The gaudy butterfly is sure
that the flowers owe thanks to him.
——·——

——128——
To be outspoken is easy
when you do not wait
to speak the complete truth.
—— · ——

说出
事实
所有的
真相时
只要你
毫不犹豫
那么
做到
坦诚
就
不难

———129———

Asks the Possible to the Impossible,
"Where is your dwelling place?"
"In the dreams of the impotent."
comes the answer.

——·——

在无能者的
字典里
躺满了
不可能的
梦呓
在执著者的
眼睛里
看不到
丝毫
不可能的
痕迹
只有
满怀的
希冀
与
永不放弃

拒绝错误
便
切断了
真理的
路途
躲避
怕输
就
迈不出
成功的
第一步
也
无法看到
世界的
真面目

If you shut your door to all errors,
truth will be shut out.

—— 131 ——

I hear some rustle of things
behind my sadness of heart,
— I cannot see them.

—— · ——

沙沙
沙沙
是什么
让我
受伤的心
在
痛苦中
脆弱
而
恐惧
我看不到
我只听到
沙沙
沙沙

——132——
Leisure in its activity
is work.
The stillness of the sea
stirs in waves.
——·——

工作
是
自我
在悠闲中
渐渐
充满活力
如
海浪
便是
海
在宁静中
不停地
轻轻涌动

——133——

The leaf becomes flower
when it loves.
The flower becomes fruit
when it worships.

——·——

叶
在爱恋中
妩媚
飞舞
飞舞
舞成一朵
花蕾
花
在痴情中
娇美
沉醉
沉醉
醉成一颗
硕果
把
爱的种子
深埋

—134—

The roots below the earth
claim no rewards
for making the branches
fruitful.

—·—

深深地
扎进泥土
默默地
付出
从不抱怨
从不企求
树的根
对着
硕果累累的
枝头
不说一句
默默地
扎进
更加深深的
土里

―135―

This rainy evening
the wind is restless.
I look at the swaying branches
and ponder over the greatness
of all things.

―·―

今夜
风骤
雨肆
枝摇曳
我
看着
想着
感叹
天地
之
灵气
万物
之
美好
与
神奇

Storm of midnight,
like a giant child
awakened in the untimely dark,
has begun to play and shout.

风啸
雨怒
夜狂乱
声如洪流
如
巨大的婴孩
在不期的夜里
突然醒来
开始
放肆地
叫喊
和
玩闹

——137——
Thou raisest thy waves vainly
to follow thy lover,
O sea,
thou lonely bride of the storm.
—— · ——

风
掀起
海的浪
新娘的
面纱
在
荡漾
风
不能停留
海
不忍离愁
纵
巨浪滔天
亦
拽不住
风的
衣袖

——138——

"I am ashamed of my emptiness,"
    said the Word to the Work.
"I know how poor I am when I see you,"
    said the Work to the Word.

——·——

言词
耻于
自我之空洞
巨著
羞于
内涵之平庸
词的富有
与
书的灵肉
诉说着
各自的
谦卑
与
歉疚

——139——
Time is the wealth of change,
but the clock in its parody
makes it mere change
and no wealth.
——·——

时间的车轮
滚滚
满载着
无限的
未知与可能
时钟的脚步
匆匆
演绎着
不断的
变化与恒定
却
始终
两手空空

Truth in her dress
finds facts too tight.
In fiction
she moves with ease.

——·——

现实的衣裙
裹紧
真相的躯体
她
寸步难移
在虚构的
世界里
她
不用
小心翼翼
反而
步履轻盈

—141—
When I travelled
to here and to there,
I was tired of thee,
O Road,
but now
when thou leadest me
to everywhere
I am wedded to thee
in love.
—·—

年少的云游
期盼着
或远或近的
某个地方
路上的时光
是我
最难忍受的
漫长
而今的旅途
美丽如新娘
无论朝着
哪个方向
我只爱
跟随你
永远
在路上

——142——
Let me think
that there is one
among those stars
that guides my life
through the dark unknown.
—— · ——

繁星漫天
请
让我
相信
有一颗星
为我
而闪
带我
穿越
生命中
所有
黑暗的
未知
与
彷徨

——143——

Woman,
with the grace of your fingers
you touched my things
and order came out
like music.

—— · ——

女人啊
你的指尖
藏着
怎样的
优雅灵动
轻轻触摸
便将
一切杂乱
消除
处处
井然有序
似将
凌乱的音符
谱成一首
流畅的
乐曲

——144——

One sad voice has its nest
among the ruins of the years.
It sings to me in the night,
— "I loved you."

—— · ——

岁月的沧桑里

住着

不肯逝去的

记忆

总在

夜里

无比忧伤地

吟唱

曾经

我

多么

爱你

——145——
The flaming fire warns me off
by its own glow.
Save me from the dying embers
hidden under ashes.
——·——

你
灼热的光芒
拒绝
我的靠近
我需要
火的激情
燃烧的
躯体
拯救我
于一片
死灰里
即将熄灭的
最后一丝
余烬

——146——

I have my stars
in the sky.
But oh for my little lamp
unlit in my house.
——·——

梦醒

辗转无眠

多么庆幸

屋内的小灯

没有亮起

我才能

拥有这

漫天繁星

清辉一地

陪伴

长长的

夜

慢慢地

逝去

―――147―――

The dust of the dead words
clings to thee.
Wash thy soul
with silence.

―――・―――

曾经

说过的话

逝去的

言语

依然

如

灰尘般

落进

你的思绪

默默地

拂去吧

静静地

刷洗吧

纤尘不再

灵魂

方能

洁净

——148——
Gaps are left in life
through which
comes the sad music
of death.
—— · ——

那些
生命中
没能填补的
空白
那些
岁月里
没能跨越的
距离
时光不停
在遗憾的
鸿沟里
流淌着
一首首
哀伤的乐曲
诉说着
逝去

——149——

The world has opened its heart of light
in the morning.
Come out,
my heart,
with thy love
to meet it.

——·——

爱的力量
在我心上
带着它
走出
这
长夜吧
世界
已
打开心门
去
迎接它吧
这
光明
而
美丽的
清晨

——150——
My thoughts shimmer
with these shimmering leaves
and my heart sings
with the touch of this sunlight;
my life is glad
to be floating
with all things
into the blue of space,
into the dark of time.
——·——

树叶婆娑
阳光斑驳
我的思绪
在摇曳
我的心
在高歌
我的生命
如此欢乐
与
这万物
一起
浮于
天宇的蔚蓝
飘进
时间的黑暗

——151——
God's great power is
in the gentle breeze,
not in the storm.
—— · ——

上帝的
神力
不在
暴风的
肆虐里
而在
微风的
轻柔里

——152——
This is a dream
in which
things are all loose
and they oppress.
I shall find them gathered in thee
when I awake
and shall be free.
——·——

是什么
如碎片
散落在
梦里
囚禁
我的身体
压抑
我的呼吸
梦醒之际
我会看到
被现实
囚禁压抑的
那个
你
和
终将
自由的
我

—153—
"Who is there
to take up my duties?"
asked the setting sun.
"I shall do what I can,
my Master,"
said the earthen lamp.
—·—

余辉尽
夜苍凉
落日难离
心彷徨
问世间
谁来
驱散
夜的伤
陶灯微霓
愿
竭力
燃起
夜的光

——154——
By plucking her petals
you do not gather
the beauty of the flower.
—— · ——

花儿的美

是

花瓣们的

相互依偎

摘下的

每一片

都是

花儿的

眼泪

是

伤害

是

对美

深深的

误会

——155——

Silence will carry your voice
like the nest
that holds the sleeping birds.

——·——

鸟巢
托着
飞倦的
鸟儿
期盼着
天亮
它们
将
再次飞翔
沉默
裹着
你的灵魂
和
声音
藏着力量
等待着
再一次
启航

——156——
The Great walks
with the Small
without fear.
The Middling keeps aloof.
——·——

你是
伟者
高如山脉
却
无惧
与
微如尘埃的
我
同行
他
忌惮
你的高尚
不屑
我的卑微
于是
远离
只与平庸
相随

—157—
The night opens the flowers
in secret
and allows the day
to get thanks.
——·——

夜
悄悄
绽放了
花儿的美
无人知晓
没有喝彩
却让
白昼
接收着
无尽的
感恩
与
赞美

——158——

Power takes as ingratitude
the writhings of its victims.

—— · ——

权力
视
牺牲者
挣扎的
灵魂
和
躯体
为
不懂感恩
不讲道义

―― 159 ――
When we rejoice
in our fulness,
then we can part with our fruits
with joy.
―― · ――

当
我们的一生
因
充实
与
圆满
而
雀跃不已
无论
带着
什么样的
结局
离去
我们
都
满心
欢喜

——160——
The raindrops kissed the earth and whispered, —
"We are thy homesick children, mother,
come back to thee from the heaven."
—— · ——

雨滴

淅淅沥沥

吻着大地

对母亲

轻诉着

想家的

离愁别绪

哪怕

天地

千里万里

我们

终于

回到

您的怀里

———161———
The cobweb pretends to
catch dewdrops
and catches flies.
——·——

蛛网
在叶间
假装
对
露珠
垂涎
却
网住了
飞蝇
它们
才是
这场追逐
真正的
猎物

—162—

Love!
When you come
with the burning lamp of pain
in your hand,
I can see your face
and know you as bliss.

—·—

我的爱

当你

手握灯盏

向我走来

照亮我

灼烧我

折磨我

在我眼里

你的脸

从未如此

清晰

在我心里

你

就是

上天

给我的

奖赏

与

恩赐

—163—
"The learned say
that your lights will
one day
be no more,"
said the firefly to the stars.
The stars made no answer.
—·—

天幕浩渺
群星闪烁
它们听见
萤火小虫
挑着灯
得意地说
有学问的人
都说
你们的光
不会永恒
终有
消失的
一瞬
群星
依旧璀璨
沉默无声

——164——

In the dusk of the evening
the bird of some early dawn
comes to the nest
of my silence.

——·——

暮色
黄昏
寂寥的我
静默的巢
这只
破晓时分
就
飞走的
鸟儿
倦了
飞来
我的巢
此刻
真好

—165—

Thoughts pass in my mind
like flocks of ducks in the sky.
I hear the voice of their wings.

——·——

思绪
如羽翼
飞进
我的心
我听到
振翅的
声响
似群鸭
掠过天际
飞在
光里

——166——

The canal loves to think that rivers exist solely to supply it with water.

——·——

小沟的狂妄
如何
明白
江水的理想
它们
总爱
荒唐地想
江的奔放
不过是
为了
填满
沟渠
空空荡荡的
渴望

——167——
The world has kissed my soul
with its pain,
asking for its return
in songs.
—— · ——

俗世
那
有毒的唇
吻遍
我的身心
我的灵魂
却
要我
用歌声
回报
这
刻骨的
痛

——168——
That which oppresses me,
is it my soul
trying to come out in the open,
or the soul of the world
knocking at my heart
for its entrance?
—— · ——

或者是
我的灵魂
徒劳地
想要
逃离
心的牢笼
在旷野上
驰骋
或者是
尘世的精灵
敲击着
我
窒息的心
试图找到
那扇
开启自由的
门

——169——

Thought feeds itself with its own words and grows.

—— · ——

文字
是
土壤
是
光
是
给养
让思想
成长
闪亮
飞翔

——170——

I have dipped the vessel of my heart
into this silent hour;
it has filled with love.

——·——

我
把
时光的船
浸在
沉默中
很久
很久
爱
渐渐
满了
心
渐渐
暖了

——171——
Either you have work
or you have not.
When you have to say,
"Let us do something,"
then begins mischief.
——·——

你
或者
忙着
或者
闲着
当你
言不由衷地
选择
勉强地
去忙
事逆
心迷
祸起

——172——

The sunflower blushed
to own the nameless flower as her kin.
The sun rose and smiled on it,
saying,
"Are you well, my darling?"

—— · ——

承认
这朵
无名的野花
竟与自己
是亲缘
向日葵
满眼不屑
甚至
感到丢脸
旭日冉冉
笑容拂面
对着
小花
委屈的
双眼
轻轻地说
亲爱的
你好吗

——173——

"Who drives me forward like fate?"
"The Myself striding on my back."

———·———

是
命运
或是
谁
让我
日夜兼程
都不是
背负着
使命之轮的
人
是你
驱使着
自己
不停前行

The clouds fill the watercups
of the river,
hiding themselves
in the distant hills.

云
翻滚
雨绵绵
江水澹澹
似杯盏
欲溢满
云
飘游
隐于
远山间
独享
孤意闲

生命
如
盛满了水的
罐子
抱着它
我
风尘仆仆
走在
通往明天的
旅途
时光
被我
洒了一路
等到归来
已是
华发满鬓
生命之罐
而今
已
几近空空

——175——
I spill water from my water jar
as I walk on my way,
Very little remains for my home.

——·——

—— 176 ——

The water in a vessel is sparkling;
the water in the sea is dark.
The small truth has words
that are clear;
the great truth has great silence.

——·——

瓶水明亮
闪着
浅薄的光
海水茫茫
埋着
深厚的苍凉
小道
须言明
大道
则
无言
自可明

—177—

Your smile was the flowers
of your own fields,
your talk was the rustle
of your own mountain pines,
but your heart was the woman
that we all know.

—·—

你的笑
是
田野盛开的
芬芳
你的话
是
山间松林的
私语
而
你的心
却是
善良如水的
女人
我们
都
懂

——178——

It is the little things
that I leave behind for my loved ones,
— great things are for everyone.

——·——

给
我爱的人
留下的
一切
皆
微不足道
所有的
举足轻重
我
留给了
世人

—— 179 ——

Woman,
thou hast encircled the world's heart
with the depth of thy tears
as the sea has the earth.

—— · ——

女人啊
世俗的心
逃不脱
你的眼睛
泪水
已将它
深深地
包裹
如
海水
将
大地
无边地
淹没

—180—

The sunshine greets me
with a smile.
The rain,
his sad sister,
talks to my heart.

—·—

雨
是
阳光
流泪的
姐妹
我的笑脸
迎接
阳光的
问候
我的心
留给
忧伤的
雨
与它
细数
绵绵的
回忆

——181——

My flower of the day
dropped its petals forgotten.
In the evening
it ripens into a golden fruit
of memory.

——·——

花儿
在阳光下
渐渐枯萎
被遗忘的
美
凋落成
一瓣瓣
在风里
飞
于是
躲进
深深的
夜里
让
记忆
熟成一颗
金色的果
飘着
诱人的
香味

—— 182 ——

I am like the road
in the night
listening to the footfalls
of its memories
in silence.

—— · ——

我
就像
这条路
在夜里
默默地
倾听
回忆的脚步
一声声
踩着
我的心
轻轻地
走过
往事
如
昨日般
依然
清晰

―183―
The evening sky to me
is like a window,
and a lighted lamp,
and a waiting behind it.
――·――

我
远远地
凝望
这样的夜
这样的天
像
望着
一扇窗
窗里
亮起
一盏灯
灯光里
摇曳着
一个
等待的
身影
那样
迷人

—184—

He
who is too busy doing good
finds no time
to be good.

—·—

真正的
善者
无暇
在意
别人眼里的
自己
他们的一生
都在
行善的
路上
行色匆匆

——185——
I am the autumn cloud,
empty of rain,
see my fulness
in the field of ripened rice.
——·——

此刻
深秋的风
轻轻地
吹散了
雨
我
是
天上
淡淡的云
看着
熟了的
稻田
金灿灿的
一片
我的心
完满
而
丰盈

—186—
They hated and killed
and men praised them.
But God in shame
hastens to hide its memory
under the green grass.
—·—

曾经

仇恨

吞噬了

他们的心

杀戮

成为

他们的命

他们

却

得到了

人们的赞颂

然而

上帝

满心愧意

匆匆地

把这

血腥的记忆

深深地

埋进

绿草如茵的

大地

——187——
Toes are the fingers
that have forsaken their past.
—— · ——

你们
带着
沉重的记忆
蜕变成
手指
握着
自由的权利
他们
抛下
历史的印迹
试图爬上
命运的阶梯
却
退化成
脚趾
上演着
一生
负重的悲剧

——188——
Darkness travels towards light,
but blindness towards death.
——·——

黑暗中的
旅途
是一条
通向光明的
路
若
选择
无视与盲目
即使
身在光里
死亡
是
唯一的
归宿

——189——

The pet dog suspects the universe for scheming to take its place.

——·——

受宠的狗狗
紧紧抓着
被爱的
稻草
一切
世间万物的
靠近
于它
不过是
可疑的图谋
觊觎着
取代它
成为
主人的
宝

Sit still,
my heart,
do not raise your dust.
Let the world find its way
to you.

―― · ――

心已封
了无痕
你的人
我已放逐
四野
与
红尘
任
风
也吹不起
心上的尘
静静地
我已
不会
想起
与
悸动

―――191―――
The bow whispers to the arrow
before it speeds forth —
"Your freedom is mine."
――― · ―――

弦上的箭
难掩
飞离的喜悦
它听见
弓
在耳边
低语
放开你
我也
舒展了眉头
释放了哀愁
重获
没有牵绊的
自由

——192——

Woman,
in your laughter
you have the music
of the fountain of life.

——·——

生命
如
泉
喷涌着
醉人的
音符
华丽的
乐章
它们
就
藏在
女人的
嘴角上
笑声里

——193——
A mind all logic
is like a knife all blade.
It makes the hand bleed
that uses it.
—— · ——

装满逻辑的
头脑
似
一把
无柄双刃的
刀
演绎着
骄傲
却
看不见
握着利刃的
手
那
滴血的
伤口

——194——

God loves man's lamp lights
better than
his own great stars.

—— · ——

夜灯的光
勇敢地
驱散
黑暗的殇
是
人类
创造的力量
上帝
也在凝望
比起
群星的亮
他
更爱
人间
这缕缕
温暖的光

——195——

This world is the world of wild storms
kept tame with the music of beauty.

——·——

是
美
始终
温柔着
这个
狂野
如风暴的
世界
它是
悠扬的
乐曲
涤荡
人间的
纷扰
抚平
俗世的
烦躁

—196—

"My heart is like the golden casket of
thy kiss,"
said the sunset cloud to the sun.

—·—

晚霞
红了脸
呢喃着
对太阳的
眷恋
你
灿烂的
吻
装满了
我的心
像
金色的盒子
珍藏着
爱
与
真诚

——197——
By touching
you may kill,
by keeping away
you may possess.
——·——

指尖
带着剑气
触碰的
那一刻
生的希望
便
奄奄一息
远离
并非
失去
是
无声的
占据
灵魂
在一起
这是
最好的
结局

蟋蟀
啾啾唧唧
细雨
嗒嗒滴滴
穿过
无边的暗夜
敲打着
我的心门
掉进了
我的梦里
似
青春
那
遥远的记忆
隐隐地
在心底
泛起
涟漪

The cricket's chirp
and the patter of rain
come to me through the dark,
like the rustle of dreams
from my past youth.

—199—

"I have lost my dewdrop,"
cries the flower to the morning sky
that has lost all its stars.

—·—

花瓣

对着

清晨的天空

在哭诉

我

失去了

我的露珠

天空

默默地

想起了

它的

漫天繁星

那些

刚刚远去的

身影

―200―

The burning log bursts in flame and cries,

― "This is my flower, my death."

――·――

圆木
在
燃烧
那
如花般
绚烂的
火焰
是
最后的
绽放
是
生命
终结时
绝望的
呼号

―― 201 ――
The wasp thinks that the honeyhive of
the neighbouring bees
is too small.
His neighbours ask him
to build one still smaller.
―― · ――

蜜蜂的巢
太小
隔壁的黄蜂
在思考
还是
我的世界
更好
蜜蜂们
却要
黄蜂
筑一个
更小的巢
它们
都在用
自己的视角
看
别人的样貌

—202—

"I cannot keep your waves," says the bank to the river. "Let me keep your footprints in my heart."

—·—

岸
无力挽留
浪的
身影
望着它
渐渐远去
岸
无奈地
叹息
就让我
留着
你
在我心上
走过的
足迹

―――203―――
The day,
with the noise of this little earth,
drowns the silence
of all worlds.
――・――

泥丸一样
小小的
地球
在阳光下
嘈杂喧嚣
完全
听不见
宇宙
那
无边无际的
静默
与
浩渺

歌之悠扬
无限
在天空
飘荡
画之曼妙
无限
在人间
流淌
诗之美好
无限
在天地间
穿行
一字一句
带着灵魂
带着光
一路
风尘仆仆
哪怕
时空的阻隔
穿越
历史的沧桑
依然是
绝响

The song feels the infinite in the air,
the picture in the earth,
the poem in the air and the earth;
For its words have meaning that walks
and music that soars.

—205—

When the sun goes down to the West,
the East of his morning
stands before him
in silence.

—·—

夕阳
染红
天边
东方的
晨曦
默默地
站在
他对面
看着他
下沉
下沉
直到
瞬间
消失在
西边的
天际

—206—

Let me not put myself wrongly

to my world

and set it against me.

—·—

别让我

在自己的世界里

只看着

自己

那样

我将

难以

超越狭隘

无法

看清真理

只会

让我

与自己

为敌

——207——
Praise shames me,
for I secretly beg for it.
—— · ——

我
得到了
赞誉
佯装着
谦虚
心底
却被
难以言说的
羞耻
占据
那里
藏着
卑微的
乞求
与
窃喜

―208―

Let my doing nothing
when I have nothing to do
become untroubled
in its depth of peace
like the evening in the seashore
when the water is silent.

―·―

当我
无能为力
当我
只是存在
就让
我的无为
成为
无忧无虑的
宁静与自在
无声地
沉入
默默地
潜在
心的深处
像那
海岸上
沉沉的夜
守着
静静的水
沉醉

——209——

Maiden,
your simplicity,
like the blueness of the lake,
reveals your depth of truth.
——·——

少女
你
淳朴
如
湖水
于
湛蓝中
尽显
你的真实
与
深邃

The best does not come alone.
It comes with the company of the all.

——·——

生命中
最好的
发生
与
来到
不是
仅有
狂欢
与
舞蹈
如约而至的
还有
种种
酸甜苦辣的
味道
好
与
不好
从不分离
始终
相伴相守

——211——
God's right hand is gentle,
but terrible is his left hand.
——·——

上帝的右手
带着
慈悲的光
在拯救
而
左手
却
沾满
带血的污垢
可怕得
令人发抖

——212——

My evening came
among the alien trees
and spoke in a language
which my morning stars did not know.

——·——

熟悉的
晚上
在
陌生的
林间
我
听着
夜的声音
亮了整晚的
星
也
不懂
夜的语言
传递着
怎样的
灵魂

——213——
Night's darkness is a bag
that bursts with the gold of the dawn.
——·——

夜的漆黑
是个
无边的
口袋
装满
金色的曙光
黎明时分
一缕缕
从
袋口
透出来

—214—

Our desire lends the colours of the rainbow to the mere mists and vapours of life.

——·——

生命
空
如雾
如气
苍白
而
迷离
是
我们的欲望
为它
渲染了
虹的彩霓
用
幻象
将真实
屏蔽

——215——
God waits to win back his own flowers
as gifts from man's hands.
—·—

上帝
在期待
有一天
重新赢得
那些
本是自己的
花开
当作
人类
为他
准备的
厚礼
惊喜
而
意外

——216——

My sad thoughts tease me

asking me

their own names.

—·—

难过的心

在

反复追问

什么样的

悲痛

哪里来的

惆怅

让我

挥之不去

莫名感伤

它在取笑

我的

何必

与

无妄

—217—

The service of the fruit is precious,
the service of the flower is sweet,
but let my service be the service
of the leaves
in its shade of humble devotion.

—·—

我
不做
香甜的果
被
捧在手心
也不做
娇艳的花
去
赏心悦目
我
就做
卑微的叶子
默默地
遮挡阳光
献出
一片荫凉

——218——

My heart has spread its sails
to the idle winds
for the shadowy island
of Anywhere.

——·——

闲散的风

已

扬起

我

心的帆

向

这座

朦胧的岛

出发

它的名字

叫

远方

——219——
Men are cruel, but Man is kind.
——·——

一个人
可以
无比良善
与纯真
一群人
变得
莫名残酷
与愤恨
忘记了
自己
忘记了
人性

——220——
Make me thy cup
and let my fulness
be for thee and for thine.
—— · ——

让我

做

你的杯子

因你

而满

为你

而溢

只

属于你

我的

全部

——221——

The storm is like the cry of some god
in pain
whose love the earth refuses.

——·——

暴雨狂风
犹如
某位天神
错付的爱
被大地
无情冰封
于是
将
难忍的
悲痛
倾盆

死亡
并非
一道裂开的
缝
让世界
漏掉
许多人
生与死
不过是
存在的
两种
我们
不是
在这里
就是
在那里
或早或晚
都会
相逢

——222——

The world does not leak because death is not a crack.

——223——

Life has become richer
by the love
that has been lost.

——·——

爱

若

一直在

生命

便

少了无奈

缺了

失去的

痛楚与感慨

人生

便

不够

丰满

与

多彩

—224—

My friend,
your great heart shone with the sunrise
of the East
like the snowy summit
of a lonely hill
in the dawn.

—·—

似
东方
冉冉的旭日
驱散
夜的黑寂
似
黎明
皑皑的雪顶
覆盖
孤独的山峰
朋友啊
那是
你的善良
你的
心

—225—

The fountain of death
makes the still water of life
play.

—·—

死亡
如
涌动的泉
为
生命的死水
带来
生机与轮回
那
长长的
等待
等待着
那一刻
上演
灵魂的
沉寂
与
欢腾

——226——

Those
who have everything but thee,
my God,
laugh at those
who have nothing but thyself.

—— · ——

我的神
那些
拥有全世界的
人
心里
没有你
他们
在笑
另一些人
一贫如洗
但
满心满眼
只有
你

—227—

The movement of life has its rest
in its own music.

—·—

生命
在
自己的
节奏与旋律中
流转前行
有时
会休息
有时
会停顿

Kicks only raise dust
and not crops
from the earth.

—·—

抬起的脚
踢出的
是
愤怒
扬起的
是
尘土
愤怒中
没有
一丝希望
尘土中
不长
一粒食粮

―229―
Our names are the light
that glows on the sea waves
at night
and then dies
without leaving its signature.
―・―

波光潋滟
那是
我们的名字
闪亮在
黑的夜里
大海的
浪尖
来不及
写下
就
消失在
黑暗尽头
黎明的
起点

—230—

Let him only see the thorns
who has eyes to see the rose.

——·——

一双眼
如果
无视
玫瑰花的美丽
只看见
针一般的
荆棘
那是
他的
命运
与
格局
那就
随
他
去

―231―
Set the bird's wings with gold
and it will never again soar
in the sky.
――·――

一双
镶金的
翅膀
永远无法
给予
鸟儿
飞向高空的
力量
黄金
岂是
与生珍贵
物质
于
自由的灵魂
是
负累

—— 232 ——

The same lotus of our clime
blooms here in the alien water
with the same sweetness,
under another name.

—— · ——

一样的荷花
曾经
盛开在
我们熟悉的
湖面上
季节里
带着
相同的
芬芳与美丽
它
绽放在
这个
陌生的池塘
不过是
换了一个名字
而已

——233——
In heart's perspective
the distance looms large.
—— · ——

距离
于心
是
失去的
温暖
在冷漠中
不堪
不安
却又
不散

——234——

The moon has her light
all over the sky,
her dark spots to herself.

——·——

月洒天际
遍清光
却留暗影
独自尝
人生
何处是
圆满
无数伤
默默藏

―――235―――

Do not say,
"It is morning,"
and dismiss it
with a name of yesterday.
See it for the first time
as a new-born child
that has no name.

――・――

别说
现在
是和昨天
一样的清晨
别想
它没有
非凡的意义
别为
每天的开始
留下
一样的回忆
待它
如
初见的风景
如
初生的婴儿
带着
陌生的惊喜
莫名的好奇

浓烟
对天空
吹嘘
火
视它为
兄弟
灰烬
对土地
吹嘘
火
也是它的
好兄弟
烟与灰的虚伪
缘于
它们无法
独自生存的
自卑

Smoke boasts to the sky,
and Ashes to the earth,
that they are brothers to the fire.

——237——

The raindrop whispered to the jasmine,

"Keep me in your heart for ever."

The jasmine sighed,

"Alas,"

and dropped to the ground.

—— · ——

雨滴

悄悄地

对茉莉花

低语

留下我吧

永远地

在你心里

茉莉花

悲伤地叹息

可惜啊

便

无声地落地

谁

也难逃

生命陨落的

结局

——238——
Timid thoughts,
do not be afraid of me.
I am a poet.
—— · ——

思想
哪怕
高不可攀
深不可测
遥不可及
我是诗人
何惧
别害怕
来我这里
自由地
驰骋
诗人的心
天马行空
无边无际

239

The dim silence of my mind
seems filled with crickets' chirp
— the grey twilight of sound.

模糊的头脑
混乱的思绪
虽
沉默无语
却似
无数蛐蛐儿
在鸣叫
这声音
枯燥无趣
似
黄昏
暮色
渐浓
愈发
难以看清
无处可觅

———240———

Rockets,
your insult to the stars follows yourself
back to the earth.

——·——

火箭
对群星的
冒犯与粗鲁
在
耀武扬威之后
无比沮丧地
带着
同样的耻辱
随自己
返回
地球

——241——
Thou hast led me
through my crowded travels of the day
to my evening's loneliness.
I wait for its meaning
through the stillness of the night.
——·——

追逐着
时间的
脚步
这一天
拥挤忙碌的
行途
结束
终于
可以独处
享受
这
夜的宁静
等待
它
给我的
启示
与
意义

—242—

This life is the crossing of a sea,
where we meet
in the same narrow ship.
In death we reach the shore
and go to our different worlds.

—·—

这一世的
生命
是一次
跨洋的
旅程
我们
恰巧在
一条小船上
相逢
死亡
让我们
靠岸
分离
各自
奔向
不同的
往世
来生

—243—
The stream of truth
flows through its channels
of mistakes.
—·—

真理的溪流
沿着
谬误
筑就的
通道
流淌
哪里有荒谬
哪里就是
真理的
方向
它的力量
无法
阻挡

——244——

My heart is homesick today
for the one sweet hour
across the sea of time.

—— · ——

这一天
这一时
穿过
浩渺的
时间之海
手执
甜蜜的
剑
刺向
我
隐隐的
浓浓的
想家的
心

―245―

The bird-song is the echo of the morning light back from the earth.

――・――

晨光微熹
大地鎏金
听
那一声声
婉转的
鸟鸣
是
大地
在
回应
是
献给
朝阳
最美的
声音

―― 246 ――

"Are you too proud to kiss me?"
the morning light asks the buttercup.

―― · ――

哦
骄傲的
小姑娘
你
像一朵
凤凰花
张着
金黄色的
小喇叭
你
不愿
吻我吗
我是
清晨的
第一缕
阳光呀

—247—

"How may I sing to thee and worship, O Sun?"
asked the little flower.
"By the simple silence of thy purity,"
answered the sun.

—·—

稚嫩的小花
仰头望着
温暖的太阳
请让我
为您欢唱
我多想
用歌声
倾诉
对您的
敬仰
太阳的脸上
堆满了慈祥
你
纯洁的灵魂
默默的芬芳
就是我
最爱的
模样

——248——

Man is worse than an animal
when he is an animal.

—— · ——

人啊
当
愚蠢
野蛮
贪婪
淹没了
智慧
理性
良善
沉沦的后果
可怕的灾难
即使
禽兽
也感叹
也难堪

―― 249 ――

Dark clouds become heaven's flowers when kissed by light.

―― · ――

闪电的吻
羞涩了
乌云
顷刻间
化作
一朵朵
花火
绽放在
无边的
天空

——250——
Let not the sword-blade
mock its handle
for being blunt.
—— · ——

剑的
刃
请别
嘲笑
柄的
钝
那是为了
挥舞
你
锋利的
魂
你们
彼此依靠
不能
比较

―― 251 ――
The night's silence,
like a deep lamp,
is burning with the light
of its milky way.
―― · ――

夜
燃烧着
寂静
如
一盏
遥远的
天灯
闪着
银河的
光晕

—252—

Around the sunny island of Life
swells day and night
death's limitless song
of the sea.

—— · ——

生命的孤岛
在
死亡的
海上
风和日丽
而
丧歌
却
如海潮
翻涌
环绕
无休无止
日夜不息

——253——
Is not this mountain like a flower,
with its petals of hill,
drinking the sunlight?
——·——

巍峨的山
像极了
一朵
怒放的花
山丘连绵
似
花瓣片片
舒展着
层层叠叠的
丰姿
在
天与地的
花园里
沐浴风雨
醉饮阳光

—254—

The real with its meaning
read wrong
and emphasis misplaced
is the unreal.

—·—

真相
被
误解
被
扭曲
便
成为
人们眼中的
伪
与
虚

——255——

Find your beauty,
my heart,
from the world's movement,
like the boat
that has the grace
of the wind and the water.

——·——

这小船
即使
飘摇
也带着
风的潇洒
和
水的优雅
我的心啊
也要
在起起伏伏中
找到
属于你的
美
无论
俗事变迁
尘世流传

—256—

The eyes are not proud of their sight but of their eyeglasses.

—·—

眼睛的
骄傲
是因为
眼镜的
光彩
和
聚焦
却
忘了
那
满眼的
风景
才
最值得
炫耀

—257—

I live in this little world of mine
and am afraid to
make it the least less.
Lift me into thy world
and let me have the freedom gladly
to lose my all.

—·—

活在
这片渺小的
天地里
我
努力地获取
卑微地期许
不要
哪怕
一丝一毫的
失去
何时
带我去
你的世界
那里
我
即使
失去所有
孑然一身
依然
自由
而
欢喜

——258——

The false can never grow into truth
by growing in power.

虚假的
种子
错误的
根
即使
种在
权力的
土里
也
无法
开出
真理的
花朵
结出
真理的
硕果

——259——

My heart,
with its lapping waves of song,
longs to caress this green world
of the sunny day.

——·——

我心
如潮
拍打着
歌的节奏
涌动着
火的热流
向往着
向往着
与
骄阳下
这个世界
如此青翠的
美好
相拥

—260—

Wayside grass,
love the star,
then your dreams will come out
in flowers.

——·——

即使
长在
路的两旁
野草的心里
也
装满
梦想
去爱
夜晚的
这颗星吧
哪怕渺小
也在
努力闪亮
有一天
你
也一样
会在
花丛中
尽情
绽放

———261———

Let your music,
like a sword,
pierce the noise of the market
to its heart.

——·——

乐声悠扬
如刀如剑
你用它
刺穿
市井的
喧闹
刺向
躁动的
心脏
片刻
便
静了
听
它的空灵
在
洗涤
欲望的
魂

——262——

The trembling leaves of this tree
touch my heart
like the fingers of an infant child.

——·——

这棵树
伸出
稚嫩的
枝叶
如
婴儿的小手
摇曳着
对
生命的
期盼
我心
为之
震颤

———263———
The sadness of my soul
is her bride's veil.
It waits to be lifted
in the night.
——·——

我的灵魂
有个新娘
它的悲伤
是她的盖头
只等
夜深
掀开
露出
痛苦的脸
那是
灵魂的
真相

—264—

The little flower lies in the dust.
It sought the path of the butterfly.

—·—

尘土中
静静地
躺着
一朵小花
它
曾在
风里飞扬
望着
蝴蝶的翅膀
追寻
它的方向
即使
零落
也
带着
飞舞的
模样

—265—

I am in the world of the roads.
The night comes.
Open thy gate,
thou world of the home.

——·——

路漫漫
我在
世间
风尘仆仆
夜沉沉
我在
夜晚
停下脚步
打开
你的心扉吧
此刻
你
就是
我的世界
我的家

—266—

I have sung the songs of thy day.
In the evening
let me carry thy lamp
through the stormy path.

—·—

在
你的光芒中
我已
唱尽
生命的
苦乐与悲喜
人世的
繁华与凋零
当
黑夜来临
你
留给我
一轮月
满天星
如明灯
带我穿行
这条
暴风骤雨的
小径

——267——

I do not ask thee into the house.
Come into my infinite loneliness,
my Lover.

——·——

不是
住进
我的屋
你
就是
我的爱人
我
需要
你
住进
我的心里
那儿
一片荒芜
藏着
无尽的
孤独

——268——
Death belongs to life
as birth does.
The walk is in the raising of the foot
as in the laying of it down.
—— · ——

生命的
降临
是
开启
而
死亡
是
尾声
但
绝不是
结局
抬起的
脚
若
不落地
你将
永远
无法前行

—269—

I have learnt the simple meaning
of thy whispers
in flowers and sunshine
— teach me to know thy words
in pain and death.

—·—

在
阳光和花朵的
私语里
我已
明白了
生命
单纯而朴素的
真谛
但我
无法领悟
你
赋予
死亡与痛苦的
意义
我
需要
启迪
我
想要
清醒

——270——

The night's flower was late
when the morning kissed her,
she shivered and sighed
and dropped to the ground.

—— · ——

夜
太长
等不到
清晨的
光
吻醒
它的梦想
花儿
在
凋落
曙光里
它
抖动
干枯的衣裙
--声叹息
奔向
张开怀抱的
土地

―271―
Through the sadness of all things
I hear the crooning
of the Eternal Mother.
――・――

我
听见
圣母
轻轻地
吟唱
这
世间万物的
伤
如何
抚慰
如何
消亡

I came to your shore
as a stranger,
I lived in your house
as a guest,
I leave your door
as a friend,
my earth.

——·——

跨越
万里重洋
第一次
踏上
你的土地
我
迷失在
陌生里
你
那么无私
让我住进
你的屋舍
成为
你的宾客
长长的一生
而今
我
就要离去
走出
你的家门
我的心
难舍难离
这片故土
于我
已如
知己

―273―

Let my thoughts come to you,
when I am gone,
like the afterglow of sunset
at the margin of starry silence.

――・――

星空
寂静无声
落日的余辉
为它
披上
迷人的睡衣
若我
离去
愿
我的思想
陪着你
如
这晚霞
在天际
留下
最后的
亮丽

——274——

Light in my heart
the evening star of rest
and then let the night whisper
to me of love.

—— · ——

我的心
藏着
一片天空
在我
安睡时
晚星
为我
冉冉亮起
夜
深情地
低语
哦
这
浓浓的
爱意

—275—

I am a child in the dark.
I stretch my hands
through the coverlet of night
for thee,
Mother.

—·—

夜

裹着

我的躯体

黑暗中

我是您

无助的孩子

仁慈的圣母

我

伸长胳膊

张开小手

想要

躺进

您

温暖的

怀里

——276——
The day of work is done.
Hide my face in your arms, Mother.
Let me dream.
—·—

结束了
一天的
忙碌
我的圣母
此刻
我只想
把我的脸
埋进
您的怀里
枕着
您的臂弯
让梦
轻轻地
把我
托起

—277—

The lamp of meeting burns long;
it goes out
in a moment
at the parting.

—·—

灯火
燃烧着
长长的夜
见证
彼此的
相见
离别
只是
一瞬间
便
熄灭了
所有的
激情
暗淡了
远去的
背影

——278——

One word keep for me in thy silence,
O World,
when I am dead,
"I have loved."

——·——

我
爱过
这是我
唯一的
欣喜
当
我
死去
当
世界
沉默不语
记住
这一句
为了我
也
为了你

—279—
We live in this world
when we love it.
—·—

爱着
才是
活着
爱
这世间的
千千万万
便是
活在
这世间的
万万千千

——280——
Let the dead have the immortality
of fame,
but the living
the immortality
of love.
——·——

活着
就
爱吧
爱不息
生命不止
让
世人的评说
不朽的声名
在
死亡里
永生

―――281―――
I have seen thee
as the half-awakened child
sees his mother
in the dusk of the dawn
and then smiles and sleeps again.
――・――

天微明
暮色还沉
睡眼惺忪的
孩子
迷蒙中
看到
妈妈的身影
微笑着
又
闭上眼睛
我曾经
像他一样
见过您
瞬间
恍惚
半梦半醒

——282——
I shall die again and again
to know
that life is inexhaustible.
—— · ——

我要
多少次的
重生
才
明白
生命
永不枯竭
轮回
永不停息

—283—

While I was passing

with the crowd

in the road

I saw thy smile

from the balcony

and I sang and forgot all noise.

—·—

许多人

走在

这条路上

朝着

同一个方向

当我

随人群

经过

看见

您

站在

高高的

台座上

微微地

笑着

于是

我

一路高歌

忘记了

世间

所有的

喧嚣

与

诱惑

—— 284 ——

Love is life in its fulness
like the cup with its wine.

—— · ——

爱
似
酒满
溢杯盏
爱
是
生命
正丰盈
是
所有
欢喜
不空

—285—
They light their own lamps
and sing their own words
in their temples.
But the birds sing thy name
in thine own morning light,
— for thy name is joy.
—·—

庙宇里
灯火闪亮
颂歌声声
唱着虚妄
人们
创造了
神的道具
把
自己和信仰
捆绑
鸟儿的欢唱
清晨的光
才是
你的道场
那是
生命
喜悦的
力量

——286——

Lead me in the centre of thy silence
to fill my heart with songs.

—— · ——

我
在您
无边的
静默深处
一颗
空洞的心
需要
您的引领
用
这歌声
丰富
充盈
我
苍白的
灵魂

——287——

Let them live who choose
in their own hissing world of fireworks.
My heart longs for thy stars,
my God.

—— · ——

他们
选择
活在
这样的夜空下
烟花
嘶嘶地
绽放
绚烂而
短暂的
狂欢
我的天
我
却
满心向往着
您
熠熠的
漫天
星辰

——288——
Love's pain sang round my life
like the unplumbed sea,
and love's joy sang
like birds
in its flowering groves.
——·——

爱之苦痛
如
深海的浪
在
我的生命里
一遍遍
回响
爱之喜悦
如
林间的鸟
在
花开时节
一声声
欢唱

―289―
Put out the lamp
when thou wishest.
I shall know thy darkness
and shall love it.
――·――

当
您
无奈地
祈愿
徒劳地
盼望
请把灯火
熄灭
把
黑暗
还给世界
我会明白
我会喜欢
这样的
真实
与
绝望

—290—

When I stand before thee
at the day's end
thou shalt see my scars and know
that I had my wounds
and also my healing.

—·—

当我
最终
站在
您的面前
您
会看到
我
满是伤痕的
灵魂
会明白
曾经
受伤的
痛
也会懂
我
疗愈自己的
艰辛

—291—

Some day I shall sing to thee
in the sunrise of some other world,
"I have seen thee before
in the light of the earth,
in the love of man."

—·—

有一天
我
会在
另一个世界
醒来
迎着旭日
对您
深情吟唱
我认得
您
曾
活在
地球的光里
活在
人类的爱里
活在
一切
善良美好的
记忆里

——292——

Clouds come floating into my life
from other days
no longer to shed rain
or usher storm
but to give colour to my sunset sky.

——·——

云
飘来
不似往日
带来
狂暴的风
也没有
落下
凄凉的雨
那
漫天的晚霞
可是
在
为我送行
为
生命的尽头
献上
最后的
美丽

—— 293 ——

Truth raises against itself the storm that scatters its seeds broadcast.

—— · ——

真理的力量
孕育着
一场
被质疑的
被否定的
暴风雨
它却
能将
真理的种子
播洒在
原野高山
种植在
人们的
心田

—— 294 ——

The storm of the last night has crowned this morning with golden peace.

—— · ——

若非
一夜
狂风肆虐
暴雨洗礼
如何体味
这
平凡的清晨
如此
美好的
宁静
只有
曾经的苦涩
才能给予
我们
渴望中的
甜蜜

—— 295 ——
Truth seems to come
with its final word;
and the final word
gives birth to its next.
—— · ——

真理
似乎总是
永恒的
定论
然而
这定论
并非结局
而是
另一个真理的
开启
无穷无尽
也许
这就是
人们
探索的
全部意义

—296—
Blessed is he whose fame does not outshine his truth.
—·—

才华
配得上
声誉
名副其实的
人生
是
一个人
最大的
幸运
与
福气

—— 297 ——

Sweetness of thy name fills my heart
when I forget mine
— like thy morning sun
when the mist is melted.

—— · ——

即使
某一天
我忘记了
自己
您的名字
依然
在我心里
给我
欢喜甜蜜
如
这清晨
当
薄雾散去
旭日
便是此刻
最美的
风景

—298—

The silent night
has the beauty of the mother
and the clamorous day
of the child.

—— · ——

黑夜的寂静
是
美的
如
妈妈的怀抱
温暖
安宁
白昼的喧嚣
是
美的
如
孩子的嬉闹
欢乐
不羁

—299—
The world loved man
when he smiled.
The world became afraid of him
when he laughed.
——·——

微笑的时候
人
善良
而
理性
世界
便
闪着
爱的光

狂笑的时候

人

自私

而

骄傲

世界

便

开始

忧心

如焚

— 300 —
God waits for man
to regain his childhood
in wisdom.
— · —

上帝
在
等
人类
何时
拂去
愚昧的尘
打开
智慧的门
重拾
童年的
纯真

——301——
Let me feel this world
as thy love taking form,
then my love will help it.
——·——

若
我的觉知
如
您的仁爱
在
万象众生中
如此清晰
我
便
捧出
一己之爱
让这世间
成为
更好的
存在

——302——

Thy sunshine smiles
upon the winter days of my heart,
never doubting of its spring flowers.

——·——

即使
我的心
此刻
冰封在
冬日的寒冷里
您
依然温暖
如
熠熠阳光
笑脸相迎
从不怀疑
始终坚信
花儿
会
一如既往地
开满
春天的大地

——303——
God kisses the finite
in his love
and man
the infinite.
—— · ——

上帝的爱
并非
无边无际
他
幸运的吻
是
有限的馈赠
人类的爱
超越时空
于
无限中
不断延伸
那些
吻过的痕
便是见证

—304—
Thou crossest desert lands
of barren years
to reach the moment
of fulfilment.
— · —

为了
品尝
人生完满的
那一刻
欢喜
你
穿越
无数
荒凉与孤寂
带着
岁月的
吝啬与贫瘠
风雨兼程
从不言弃

―――305―――
God's silence ripens man's thoughts into speech.
――― · ―――

人类的思想
种在
上帝的
沉默里
努力地
生长
长成
睿智的言语
如
果实
甘甜无比

―――306―――
Thou wilt find,
Eternal Traveller,
marks of thy footsteps
across my songs.
――・――

您
会听到
我的歌里
唱着
您
一步步
走过的足迹
但
您不会
停止前行
您的旅程
永无止境

——307——

Let me not shame thee,
Father,
who displayest thy glory
in thy children.

——·——

仁慈的父

我是

您的孩子

不想

让您蒙羞

请赐我

力量

我

要为

您的荣耀

增添

更璀璨的

光环

——308——
Cheerless is the day,
the light under frowning clouds
is like a punished child
with traces of tears on its pale cheeks,
and the cry of the wind
is like the cry of a wounded world.
But I know I am travelling
to meet my Friend.
——·——

沮丧的
天
了无生趣
皱紧眉头的
云
沉闷压抑
惨白的
日光
像个
受罚的孩子
带着泪痕
满脸委屈
肆虐的
风
哀嚎着
像
全世界
受了伤

风尘仆仆的
我
依然
满心欢喜
我要去见
远方的
那个人
他与我
志同道合

——309——

Tonight there is a stir
among the palm leaves,
a swell in the sea,
Full Moon,
like the heart throb of the world.
From what unknown sky
hast thou carried in thy silence
the aching secret of love?

—— · ——

今夜
满月
棕榈树狂舞
海浪翻涌
全世界的心
热烈地跳动
而你
静默着
悬于
莫名的天空
究竟如何
让人
在此刻
感受
如此深刻的
爱的
苦痛

——310——

I dream of a star,
an island of light,
where I shall be born
and in the depth
of its quickening leisure
my life will ripen its works
like the rice-field
in the autumn sun.

——·——

我
渴望
出生在
一颗
遥远的恒星
一座
洒满阳光的岛屿
我的生命
和
生命里
所有的作品
在
自由自在的
空气里
茁壮丰盈
如
秋日里
艳阳下
那片稻田
飘着香气

―――311―――

The smell of the wet earth in the rain rises like a great chant of praise from the voiceless multitude of the insignificant.

――・――

细雨
把
泥土的芬芳
洒进空气
淡淡的
像
一群
默默无闻的人
发出
无声的赞美
尽管
微小如尘
却
醉人心扉

——312——
That love can ever lose
is a fact
that we cannot accept
as truth.
—— · ——

爱
不会永恒
它的消逝
是
事实
是
我们
难以接受的
真相
自由
便是
放下
这一注定的
结局
让爱
自由来去

——313——

We shall know some day
that death can never rob us
of that which our soul has gained,
for her gains are one
with herself.

——·——

我们
终会领悟
有一天
死亡
可以夺去
生命
却无法夺走
灵魂的
丰盛
那是
一生的经历
早已
融入
她的
血肉里

―314―

God comes to me
in the dusk of my evening
with the flowers from my past
kept fresh in his basket.

―·―

我的生命
终于
走到了黄昏
暮色中
我看见
上帝
提着花篮
走向我
花篮里
装着
我
所有的
记忆
此刻
那些花儿
依旧
鲜活
如往昔

──315──
When all the strings of my life
will be tuned,
my Master,
then at every touch of thine
will come out the music of love.
── · ──

我的生命
是
一条条
等待调音的
琴弦
完成的
那一刻
我的主
您
每一次的
拨动
都会
流淌出
爱的音符

—— 316 ——

Let me live truly,
my Lord,
so that death to me become true.

—— · ——

主啊
请
赐我力量
可以直面
生命里
所有的真相
让这一生
真正地
活过
如此
死亡
才是
真实的
结果
不是
一场虚空
不是
微不足道的
寻常

——317——

Man's history is waiting in patience
for the triumph of the insulted man.

——·——

历史

是

漫长的等待

等待

不安的人们

在

耻辱的皮鞭下

不屈地挣扎

等待

他们

崛起的灵魂

挥动

胜利的

臂膀

——318——

I feel thy gaze upon my heart
this moment
like the sunny silence of the morning
upon the lonely field
whose harvest is over.

在您
默默凝望的
目光里
我的心
此刻
孤苦无依
如
清晨
无声而灿烂的
阳光
注视着
一片
收割后
被遗弃的
田地
寂寞
无边无际

——319——
I long for the Island of Songs
across this heaving Sea of Shouts.
—— · ——

在这
喧嚣起伏的
人海里
我
快要窒息
多想
有一座
歌之岛
乐音袅袅
拯救我
行将淹没的
躯体
和
无处安放的
心

—— 320 ——

The prelude of the night is commenced
in the music of the sunset,
in its solemn hymn
to the ineffable dark.

—— · ——

晚霞
拉开
夜的帷幕
落日
奏响
夜的序曲
它
庄严如圣歌
刺穿
这
无边的黑暗
难言难喻

—321—

I have scaled the peak
and found no shelter
in fame's bleak and barren height.
Lead me, my Guide,
before the light fades,
into the valley of quiet
where life's harvest mellows into
golden wisdom.

——·——

人生的巅峰
却是
无比凄凉的
高处
除了声名
一无所有
我已
无处可逃
神啊
快带我
离开
天黑之前
我们
仍有时间
去那
寂静的
山谷深处
那里
我将品尝
生命之果的
甜美
收获
闪着金光的
智慧

―― 322 ――

Things look phantastic
in this dimness of the dusk
— the spires
whose bases are lost
in the dark and tree tops
like blots of ink.
I shall wait for the morning
and wake up to see thy city
in the light.

―― · ――

幽暗的黄昏
一切
变得隐约
树梢
塔尖
如
一团团
黑的墨迹
光怪陆离
我
就要睡去
等
清晨来临
我会
再次醒来
迎着光
看
您的城市
如何地
充满
生机

—— 323 ——

I have suffered
and despaired
and known death
and I am glad
that I am in this great world.

—— · ——

灵魂
曾
被折磨得
遍体鳞伤
我
失去过
所有的希望
我懂
死亡
可以终结
所有的
痛苦和绝望
可是
此刻
我是
多么欣喜
仍然活在
这世上
看
生命
最真实的
模样

—324—

There are tracts in my life
that are bare and silent.
They are the open spaces
where my busy days
had their light and air.

—·—

生命中
总有
留白的地方
无声又无痕
却
明亮而空旷
在那里
我
透着气
沐着光
在
忙碌的日子里
汲取
生的力量

―― 325 ――
Release me
from my unfulfilled past
clinging to me from behind
making death difficult.
―― · ――

是什么
在背后
拉扯
我的衣袖
阻止我
躺进
自己的灵柩
那些
曾经的遗憾
未完的羁绊
纠缠着
让离别
这样不堪
这么难
放手吧
生命
总有尽头
我们
终要离开

——326——

Let this be my last word,
that I trust thy love.

—— · ——

站在
生命的终点
我只想说
我
依然
无比坚定地
相信
您
仁慈的爱
永不消退

译后记

几年前,先生到外地出差,在机场候机楼的一家书屋里,他给我买了一本郑振铎先生翻译的《飞鸟集》,放在他那个不大的背包里,千里迢迢,带回来送给我。大学时,我曾懵懵懂懂地读过一遍。那时,只觉得读诗是一种浪漫,因为是诗,读不懂也不觉羞愧。多年后再一次翻阅,我对原文有了新的更深的理解。我发现,有些译文并不能带给我如原文那样的思想冲击。

还得提及一个人,冯唐。出于好奇,我买了他翻译的《飞鸟集》。书里奢侈的留白,让我的笔蠢蠢欲动。于是,中英两种语言的转换游戏便开始了。

偶然的一次翻译课上,我选择了自己翻译的两首诗,与其他译文一起,给学生讲评,我并未署名。意外地,我的译文得到了他们的好评。这样的反馈让我有了尝试再译《飞鸟集》的动力。

于我而言,翻译是一件有趣又隐秘的文字游戏。常常在空闲的时候,我的大脑就在中英两种语言之间切换。但必须承认,翻译的趣味性,往往与翻译的难度是并行的。高质量的翻译无疑是极具挑战的。

首先,是理解力。我认为,理解的深度取决于个人的语言能力与思想深度,而认知的深度部分取决于阅读的深度与广度,可能还须有较丰富的生活体验、一定的观察能力与思考能力。

其次,是语言表达能力。大脑一旦产生了新的思想,便有了表达的欲望。而思想的表达必须借由语言这个载体。语言表达能力是一切翻译行为的基础。如果没有大量的阅读与写作实践,做到这一点很难。

对于译者而言,若是能做到理解与表达并驾齐驱,作者与读者两者兼顾,便算达到理想境界了。

当前,随着科技进步,机器翻译得到广泛应用。人工智能降低了人为参与翻译活动的必要性。我们当然希望类智能机器能够在语音和文本的翻译层面上具备相当水准的服务能力。

但就文学翻译而言,我始终相信,人类的语言是用来表达人类的思想意识情感的,因此,能够感同身受的应该也是我们人类自己吧。

回到《飞鸟集》。从郑振铎先生的第一版译本到今天,一百多年过去了。中文语言也在一代代地发生着更新与变化。然而,我们仍能在书店的书架上、学生的手里,看到它的身影。经典的传承,需要不同的声音为其注入源源不断的活力,使之历久弥新,并能与今天的时代携手,助力人类思想与文明的共同进阶。作为一名从事翻译教学工作的高校英语教师,这是我一直以来的心愿。